Los Estados Unidos del linchamiento

Mark Twain, por A. F. Bradley, 1909.

Primera edición, abril de 2026

EL DESVELO EDICIONES
Javier Fernández Rubio, director
Editorial Almuzara, S. L.
Parque Logístico de Córdoba
Ctra. Palma del Río, km 4
C/8, Nave L2, módulos 6-7, buzón 3
14005 - Córdoba
(+34) 957 467 081

eldesvelo@almuzaralibros.com
almuzaralibros.com

Publicación original, *The United States of Lyncherdom,
Europe and Elsewhere*, 1923

ISBN: 979-13-87799-67-0
IBIC: JF, HB, JFF, HPQ
THEMA: JB, NH, JBF
Depósito Legal: CO-357-2026
Impreso en España-Gráficas la Paz

Los Estados Unidos del linchamiento

MARK TWAIN

El Desvelo
EDICIONES

Prólogo

El 'Yo acuso' antirracista de Twain

Hay dos elementos que han constituido el ADN de los Estados Unidos de América y que siguen siendo, ya bien entrado el siglo XXI, sus dos principales problemas políticos y sociales: la aceptación de la violencia *privada* y el racismo. Ambos, unidos, han sido y son un cóctel explosivo que ocasiona una tensión larvada, intensa y continua de la sociedad estadounidense con episodios puntuales de gran virulencia.

Estados Unidos es un Estado joven que cultivó la mitología del peregrino en búsqueda de la libertad religiosa en tierras americanas, un rechazo al autoritarismo monárquico y, ya con la expansión al oeste y el sur de lo que ahora es Estados Unidos, una mitificación del *espíritu de frontera*, ligado a la colonización armada, el exterminio en la práctica de la población indígena y el derecho a ir armado.

Paralelamente a esta expansión, junto con el esclavismo, y las posteriores oleadas del siglo XIX de amplios contingentes de emigración europea, asiática y continental americana, Estados Unidos ha creado un crisol de razas y culturas sin que se hayan provisto los mecanismos de integración que soslayen la aún candente xenofobia y segregación racial.

Si ambos condicionantes, violencia y racismo, aún están presentes en la sociedad norteamericana, en pleno siglo XIX, incluso a inicios del siglo XX, mantenían una gran virulencia sin medias tintas, con leyes segregadoras, derechos ficticios tras una guerra civil contra los estados esclavistas y la organización periódica de linchamientos, con ribetes de espectáculo, que semejaban a los brotes de odio al otro lado del mundo, en Centroeuropa y Europa oriental.

Este es el mundo del que Mark Twain fue testigo privilegiado y el mundo que denunció con un *Yo acuso* tan vehemente que hasta su propio autor se asustó de las consecuencias que pudiera acarrearle de ser publicado en vida. Twain se autocensuró y el texto, que este libro reproduce, fue publicado tras su muerte. Escrito en 1901, y previsto que se publicara en *North American Review*, finalmente vería la luz en 1923, ya fallecido su autor, en el libro póstumo *Europe and Elsewhere*. Salvados los hechos puntuales que denuncia, el alegato de Twain se sostiene pasado un siglo y es aún, hoy en día, uno de los textos más corrosivos en defensa de los derechos humanos.

¿Cuál es la denuncia recogida por Twain con un título tan contundente como *Los Estados Unidos del*

12

linchamiento? El popularísimo autor de *Las aventuras de Huckleberry Finn* disecciona con una lucidez implacable uno de los episodios más oscuros de la historia estadounidense, que puso de relieve la práctica sistemática de los linchamientos. El suceso de Pierce City que trae a colación Twain ocurrió a mediados de agosto de 1901, cuando una turba furiosa desató una noche de terror que acabó con el linchamiento de tres hombres de color y el destierro de toda la comunidad negra de la ciudad.

Al finalizar la Guerra Civil estadounidense, las fuerzas políticas antiesclavistas exigieron derechos para los exesclavos. Esto condujo a la aprobación de las enmiendas 14 y 15, que teóricamente concedían a los afroamericanos, y a otros varones pertenecientes a minorías, la igualdad y el derecho al voto. Aunque en un principio el gobierno federal estacionó tropas en el sur para proteger estas nuevas libertades, el progreso constitucional quedó truncado. En 1877, con la esclavitud abolida ya, las leyes de Jim Crow borraron en la práctica las enmiendas 14 y 15. Mediante violentas tácticas económicas y tecnicismos legales, la población de color quedó eliminada gradualmente del proceso electoral.

El linchamiento no era simplemente un acto de «justicia vigilante» o un arrebato incontrolado de ira,

El cuerpo de Rubin Stacy, de 32 años, pende de un árbol en Fort Lauderdale, en presencia de sus vecinos. 19 de julio de 1935.

sino una herramienta de control político y social de primera magnitud. Se utilizaba para reafirmar la supremacía blanca, aterrorizar a la población negra y eliminar cualquier intento de competencia económica o política. Como bien señala Twain, cualquier acusación (especialmente contra una mujer blanca) servía de catalizador para una violencia coreografiada que a menudo contaba con la complicidad, o al menos la pasividad, de las autoridades locales.

No hay cifras exactas de esta suerte de *pogromos a la estadounidense* a lo largo de los años, pero se estima que el número de linchamientos empezó a menguar entre la década de 1880 y la de 1920, aunque todavía se producía una media de 30 anuales en los años 20 del pasado siglo.

El alegato de Twain surge de la indignación y es respuesta directa a los brutales sucesos ocurridos cuando la violencia colectiva y el racismo se sobrepusieron al orden legal. A través de una prosa cargada de indignación y rigor analítico, el autor cuestiona la supuesta superioridad moral de una nación que permite tales actos de barbarie bajo la mirada pasiva de sus ciudadanos e instituciones religiosas.

Twain desarrolla una tesis inquietante sobre la naturaleza humana y la psicología de las masas. Argumenta que el linchamiento se aleja de un deseo

16

genuino de justicia o de una crueldad intrínseca para manifestarse como resultado de la cobardía moral y el instinto de imitación. El miedo a la desaprobación social obliga a los individuos a participar en horrores que, en la privacidad de sus conciencias, repudiarían. Con su característica ironía, propone retirar a los misioneros de China para enviarlos al territorio de Estados Unidos, sugiriendo que la verdadera necesidad de evangelización y civilización se encuentra dentro de sus propias fronteras.

Los Estados Unidos del linchamiento representa un testimonio fundamental sobre el conflicto social y la fragilidad de la ética ante la presión de las masas. Twain dirige su mirada no tanto a los asesinos como a los espectadores pasivos, y lanza una reflexión profunda sobre la responsabilidad individual frente a la infamia pública, manteniendo su texto una vigencia estremecedora a la hora de analizar las dinámicas del odio colectivo.

Mark Twain

Twain, seudónimo de Samuel Langhorne Clemens (1835-1910), nació en Florida, Misuri, y creció en Hannibal, a orillas del Misisipi. Su carrera literaria despegó con relatos humorísticos, pero su legado

Linchamiento de Frank McManus, en Minneapolis, Minnesota, 1882.

se consolidó con obras fundamentales como *Las aventuras de Tom Sawyer* y *Las aventuras de Huckleberry Finn*. A lo largo de su trayectoria, Twain destacó por su agudo ingenio y una visión crítica del imperialismo y las injusticias sociales de su tiempo. Trabajó como piloto de barcos de vapor, periodista y conferenciante, experiencias que enriquecieron su prosa realista y satírica. En ensayos posteriores, como *Los Estados Unidos del linchamiento*, su tono se volvió más sombrío, denunciando la hipocresía moral de la sociedad estadounidense.

Reconocido como el padre de la literatura norteamericana moderna, recibió el doctorado honoris causa por la Universidad de Oxford. Su estilo directo y su dominio del habla vernácula transformaron la narrativa occidental, convirtiéndolo en un referente imperecedero de las letras universales.

Javier Fernández Rubio

Los Estados Unidos del linchamiento

I

¡Y así ha caído Misuri, ese gran Estado! Algunos de sus hijos se han unido a los linchadores y la mancha nos salpica al resto. Ese puñado de hijos nos ha dado una reputación y nos ha etiquetado con un nombre: para los habitantes de los cuatro rincones de la tierra somos «linchadores», ahora y para siempre. Porque el mundo no se detendrá a pensar —nunca lo hace, no es su costumbre—, su proceder habitual es generalizar a partir de una sola muestra. No dirá: «Esos habitantes de Misuri llevan ochenta años esforzándose por construir un buen nombre honorable, estos cien linchadores de un rincón del estado no son verdaderos habitantes de Misuri, son renegados». No, esa verdad no entrará en su mente; generalizará a partir de una o dos muestras engañosas y dirá: «Los de Misuri son linchadores».

El mundo no tiene reflexión, ni lógica, ni sentido de la proporción. Para él, las cifras no valen nada, no le revelan nada, no puede razonar sobre ellas con racionalidad. Diría, por ejemplo, que China se está

21

cristianizando rápida y seguramente porque se bautizan nueve cristianos chinos cada día, y no notaría que el hecho de que allí nazcan 33.000 paganos al día arruina el argumento. Diría: «Hay cien linchadores allí, por lo tanto, los de Misuri son linchadores», pero el hecho considerable de que haya dos millones y medio de habitantes en Misuri que no son linchadores no afectaría a su veredicto.

II

¡Oh, Misuri!

La tragedia ocurrió cerca de Pierce City, en el extremo suroeste del Estado. Un domingo por la tarde, una joven blanca que regresaba sola de la iglesia fue hallada asesinada. Porque allí hay iglesias. En mi época la religión era más generalizada, más omnipresente en el sur que en el norte, y también más viril y ferviente, creo. Tengo razones para creer que sigue siendo así.

La joven fue hallada asesinada. Aunque era una región de iglesias y escuelas, la gente se levantó, linchó a tres negros —dos de ellos muy ancianos—, quemó cinco hogares de negros y expulsó a treinta familias negras a los bosques.

22

FOR THE GOOD OF AMERICA

Do you know that the United States is
the Only Land on Earth where human
beings are BURNED AT THE STAKE?

In Four Years, 1918-1921, Twenty-Eight People were publicly
BURNED BY AMERICAN MOBS

3436 People Lynched, 1889 to 1922

For What Crimes Have Mobs Nullified Government and Inflicted the Death Penalty?

The Alleged Crimes	The Victims	Why Some Mob Victims Died:
Murder	1288	Not turning out of road for white boy in auto
Rape	571	Being a relative of a person who was lynched
Crimes against the Person	615	Jumping a labor contract
Crimes against Property	333	Being a member of the Non-Partisan League
Miscellaneous Crimes	453	"Talking back" to a white man
Absence of Crime	176	"Insulting" white man
	3436	

Is Rape the "Cause" of Lynching?

Of 3436 people murdered by mobs in our country, only 571, or less than 17 per cent, were even accused of the crime of rape.

83 WOMEN HAVE BEEN LYNCHED IN THE UNITED STATES

Do lynchers maintain that they were lynched for "the usual crime?"

AND THE LYNCHERS GO UNPUNISHED

There were four lynchings in eight days after the failure to pass the *Dyer Anti-Lynching* bill. One of the victims being publicly burned at the stake.

TO MAINTAIN CIVILIZATION IN AMERICA

AND FOR THE GOOD NAME OF THE NATION
BEFORE THE WORLD

YOU

CANNOT ESCAPE YOUR RESPONSIBILITY

Will You Not at Least Aid the Organization Which Has
Been Fighting for Ten Years to Wipe Out Our Shame?

Send your check to J. E. SPINGARN, Treasurer of the

NATIONAL ASSOCIATION FOR THE ADVANCEMENT OF COLORED PEOPLE

70 FIFTH AVENUE, NEW YORK CITY

THIS ADVERTISEMENT IS PAID FOR IN PART BY THE ANTI-LYNCHING CRUSADERS.

Panfleto de denuncia de la Asociación Nacional para el Progreso de la Gente de Color.

No me detengo en la provocación que impulsó a la gente a estos crímenes, pues eso no tiene nada que ver con el asunto. La única cuestión es: *¿toma el asesino la ley por su mano?* Es muy sencillo y muy justo. Si se demuestra que el asesino ha usurpado la prerrogativa de la ley para reparar sus agravios, ahí termina la cuestión: mil provocaciones no sirven de defensa.

La gente de Pierce City tuvo una provocación amarga —de hecho, según ciertos detalles, la más amarga de todas—, pero no importa: se tomaron la justicia por su mano. Según su propio criterio, la víctima seguramente habría sido colgada si se hubiera permitido que la ley siguiera su curso, ya que hay pocos negros en esa región y carecen de autoridad o influencia para intimidar a los jurados.

¿Por qué el linchamiento, con diversos acompañamientos bárbaros, se ha convertido en el regulador favorito en casos de «crimen habitual» en varias partes del país? ¿Es porque los hombres piensan que un castigo escabroso y terrible es una lección más contundente y un factor disuasorio más efectivo que un ahorcamiento sobrio y anodino realizado en privado en una cárcel?

Seguramente, los hombres cuerdos no piensen eso. Pero hasta un niño cualquiera debería saberlo mejor. Debería saber que cualquier evento extraño y muy comentado siempre es seguido por imitaciones, estando el mundo tan bien provisto de personas excitables que solo necesitan un pequeño estímulo para perder lo que les queda de cabeza y hacer cosas que normalmente no se les habría ocurrido. Debería saber que si un hombre salta desde el puente de Brooklyn, otro lo imitará; que si una persona se aventura por el remolino del Niágara en un barril, otra la imitará; que si un Jack el Destripador se hace notorio masacrando mujeres en callejones oscuros, será imitado; que si un hombre intenta atentar contra la vida de un rey y los periódicos hacen ruido por todo el globo, surgirán regicidas por todas partes.

El niño debería saber que un ultraje y asesinato muy comentado cometido por un negro trastornará el intelecto perturbado de varios otros negros y producirá una serie de idénticas tragedias que la comunidad desea tan fervientemente evitar, que cada uno de estos crímenes producirá otra serie y, año tras año, aumentará constantemente el recuento de estos desastres en lugar de disminuirlo, que, en una palabra, los propios linchadores son los peores enemigos de sus mujeres.

El niño también debería saber que por una ley de nuestra naturaleza, las comunidades, al igual que

Linchamiento de dos afroamericanos en Marion, Indiana,1930.

Laura y L. D. Nelson, madre e hijo, fueron colgados de un puente por una multitud blanca el 25 de mayo de 1911, cerca de Okemah, Oklahoma.

Hombres y niños posan debajo del cuerpo de Lige Daniels poco después de que fuera linchado, en Center, Texas, 1920.

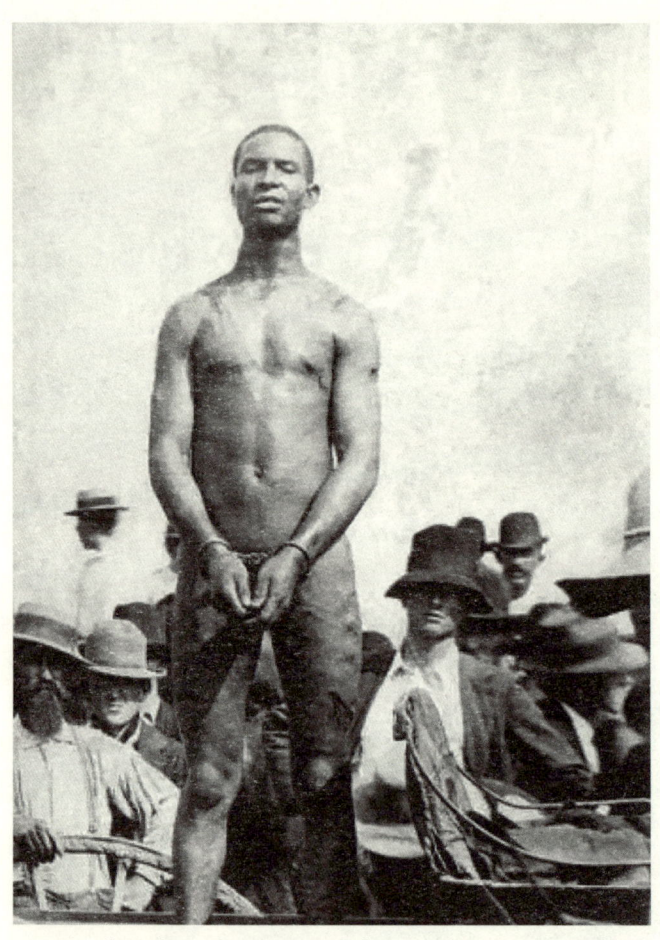

Frank Embree, de 19 años, recibió 104 latigazos antes de ser ahorcado de un roble en Fayette, Misuri, 1899.

Anverso y reverso de una postal del linchamiento de Will Stanley.

Arriba: Jesse Washington, de 17 años, fue quemado durante dos horas ante una multitud sonriente antes de morir. Abajo: Linchamiento de Henry Smith, en 1893, en Paris, Texas.

Linchamiento de John Heith.

Linchamiento de Redmond, Roberson y Addison.

los individuos, son imitativas y que un linchamiento muy difundido producirá infaliblemente otros linchamientos aquí, allá y más allá, y que con el tiempo estos engendrarán una manía, una moda, una moda que se extenderá más y más, año tras año, cubriendo Estado tras Estado, como una enfermedad que avanza. El linchamiento ha llegado a Colorado, ha llegado a California, ha llegado a Indiana... ¡y ahora a Misuri! Puede que viva para ver a un negro quemado en Union Square, Nueva York, con cincuenta mil personas presentes y ni un solo sheriff a la vista, ni un gobernador, ni un agente, ni un coronel, ni un clérigo, ni ningún representante del orden legal de ningún tipo.

Aumento de los linchamientos.— En 1900 hubo ocho casos más que en 1899 y, probablemente, este año haya más que el pasado. El año apenas ha pasado de la mitad y ya hay ochenta y ocho casos, comparados con los ciento quince de todo el año pasado. Los cuatro estados del sur, Alabama, Georgia, Luisiana y Misisipi, son los peores infractores. El año pasado hubo ocho casos en Alabama, dieciséis en Georgia, veinte en Luisiana y veinte en Misisipi: más de la mitad del total. Este año, hasta la fecha, ha habido nueve en Alabama, doce en Georgia, once en Luisiana y trece en Misisipi:

35

de nuevo, más de la mitad del número total en todos los Estados Unidos.

Chicago Tribune

Debe ser que el incremento proviene del instinto humano innato de imitar. Eso y la debilidad más común del hombre: su aversión a ser desagradablemente visible, a ser señalado o evitado por estar en el bando impopular. Su otro nombre es Cobardía Moral y es el rasgo dominante en la personalidad de 9.999 hombres de cada 10.000. No presento esto como un descubrimiento. En privado, el más tonto de nosotros sabe que es verdad. La historia no nos permitirá olvidar ni ignorar este rasgo supremo de nuestro carácter. Nos recuerda persistente y sardónicamente que, desde el principio del mundo, ninguna revuelta contra una infamia o una opresión pública ha sido iniciada jamás sino por ese único hombre valiente entre 10.000, mientras el resto espera tímidamente y se une lenta y reaciamente bajo la influencia de ese hombre y sus semejantes de los otros grupos de diez mil.

Los abolicionistas lo recuerdan. En privado, el sentimiento público estuvo con ellos desde temprano, pero cada hombre tenía miedo de hablar hasta que recibía alguna señal de que su vecino sentía en privado lo mismo que él. Entonces se produjo el

Linchamiento de Laura Nelson, en mayo de 1911.

auge. Siempre ocurre así. Sucederá en Nueva York algún día, incluso en Pensilvania. Se ha supuesto —y dicho— que la gente en un linchamiento disfruta del espectáculo y se alegra de tener la oportunidad de verlo. No puede ser verdad. Toda la experiencia está en contra. La gente del sur está hecha como la gente del norte: la gran mayoría posee un corazón recto y compasivo, y sufriría cruelmente ante tal espectáculo, y *aun así asistiría*, y fingiría estar complacida, si la aprobación pública pareciera exigirlo. Estamos hechos así y no podemos evitarlo. Los otros animales no son así, pero tampoco podemos evitar eso. Ellos carecen de Sentido Moral. Nosotros no tenemos forma de vender el nuestro por una moneda de cinco centavos o algo por encima de su valor. El Sentido Moral nos enseña qué es lo correcto y cómo evitarlo… cuando es impopular.

Se piensa, como he dicho, que una multitud en un linchamiento disfruta del acto. Ciertamente no es verdad, es imposible de creer. Se afirma libremente —lo habrán visto impreso muchas veces últimamente— que el impulso del linchamiento ha sido malinterpretado, que no es el resultado de un espíritu de venganza, sino de un «mero hambre atroz de *contemplar el sufrimiento humano*». Si eso fuera así, las multitudes que vieron quemarse el Hotel Windsor habrían

38

disfrutado de los horrores que caían bajo sus ojos. ¿Lo hicieron? Nadie pensará eso de ellos, nadie hará esa acusación. Muchos arriesgaron sus vidas para salvar a hombres y mujeres que estaban en peligro. ¿Por qué hicieron eso? Porque *nadie lo desaprobaría*. No había restricciones: podían seguir su impulso natural.

¿Por qué una multitud del mismo tipo de gente en Texas, Colorado o Indiana se queda mirando, herida en el corazón y miserable, y mediante signos externos ostentosos finge disfrutar de un linchamiento? ¿Por qué no levanta la mano ni la voz en protesta? Solo porque sería impopular hacerlo, creo. Cada hombre teme la desaprobación de su vecino, algo que, para el común de la raza, es más temido que las heridas y la muerte. Cuando va a haber un linchamiento, la gente prepara sus carros y recorre kilómetros para verlo, trayendo a sus esposas e hijos. ¿Realmente para verlo? No, vienen solo porque tienen miedo de quedarse en casa, por si se nota y se comenta ofensivamente. Podemos creer esto, pues todos sabemos cómo nos sentimos ante tales espectáculos y también cómo actuaríamos bajo una presión similar. No somos mejores ni más valientes que nadie, y no debemos intentar escabullirnos.

Un Savonarola puede reprimir y dispersar a una turba de linchadores con una sola mirada. También

Linchamiento en 1889.

puede hacerlo un Merrill o un Beloat[1]. Porque ninguna turba tiene agallas ante la presencia de un hombre que se sabe que es espléndidamente valiente. Además, a una turba de linchadores le gustaría ser dispersada, porque con seguridad no hay ni diez hombres en ella que no preferirían estar en otro lugar, y lo estarían si tan solo tuvieran el valor de irse. Cuando yo era niño, vi a un caballero valiente burlarse e insultar a una turba y ahuyentarla. Después, en Nevada, vi a un famoso forajido obligar a doscientos hombres a quedarse quietos, con el local ardiendo bajo sus pies, hasta que les dio permiso para retirarse. Un hombre

---

1. Savonarola, fraile dominico que gobernó Florencia a finales del siglo XV. Aunque Savonarola es una figura controvertida, Twain lo utiliza como ejemplo del poder de la personalidad carismática.

Joseph Merrill: En Carrollton, Georgia (1900), el sheriff Merrill se enfrentó a una multitud enfurecida que reclamaba a un prisionero negro. Merrill no solo se negó, sino que, armado y con una determinación inquebrantable, amenazó con disparar a cualquiera que cruzara el umbral de la cárcel. Su postura solitaria disipó la energía de la turba, demostrando la tesis de Twain: la masa es cobarde cuando se enfrenta a una voluntad individual superior.

Thomas Beloat: Un caso similar ocurrió en Indiana, donde el sheriff Beloat protegió a sus detenidos enfrentándose directamente a sus propios vecinos. Para Twain, estos hombres eran «caballeros de una gran orden» porque arriesgaban su posición social y su vida no por una persona específica, sino por el concepto mismo de Estado de Derecho.

41

con coraje puede robar un tren de pasajeros entero él solo y medio hombre valiente puede asaltar una diligencia y despojar a sus ocupantes.

Entonces, quizás el remedio para los linchamientos se reduce a esto: apostar a un hombre valiente en cada comunidad afectada para alentar, apoyar y sacar a la luz la profunda desaprobación del linchamiento escondida en los lugares secretos de su corazón, porque está allí, sin duda alguna. Entonces esas comunidades encontrarán algo mejor que imitar. Por supuesto, al ser humanos, deben imitar algo. ¿Dónde se encontrarán estos hombres valientes? Esa es, de hecho, una dificultad. No hay trescientos de ellos en la tierra. Si bastara con hombres *físicamente* valientes, sería fácil: podrían suministrarse por cargamentos. Cuando Hobson[2] pidió siete voluntarios para ir con él a lo que prometía ser una muerte segura, cuatro mil hombres respondieron; toda la flota, de hecho. Porque *todo el mundo lo aprobaría*. Ellos lo sabían. Pero si el proyecto de Hobson hubiera estado cargado de las burlas y mofas de amigos y asociados, cuya buena opinión y aprobación valoraban los marineros, no habría conseguido ni a sus siete hombres.

---

2. Richmond P. Hobson (1870-1937), almirante de los Estados Unidos y héroe de la guerra hispanoamericana.

Ilustración de tres miembros del KKK del Estado de Misisipi.

No, bien pensado, el plan no funcionará. No hay suficientes hombres moralmente valientes en inventario. Nos hemos quedado sin material de valor moral, estamos en una condición de profunda pobreza. Tenemos a esos dos sheriffs allá en el sur que…, pero no importa, no son suficientes a repartir: tienen que quedarse a cuidar de sus propias comunidades.

Pero ¡si tan solo pudiéramos tener tres o cuatro sheriffs más de esa gran estirpe! ¿Ayudaría? Creo que sí. Porque todos somos imitadores. Otros sheriffs valientes los seguirían. Ser un sheriff intrépido pasaría a ser reconocido como lo correcto y lo único. La temida desaprobación recaería sobre el otro tipo de sheriff. El valor en este cargo se convertiría en costumbre, su ausencia en una deshonra, tal como el valor reemplaza pronto la timidez del nuevo soldado. Entonces las turbas y los linchamientos desaparecerían y…

Sin embargo, nunca podrá hacerse sin algunos pioneros. ¿De dónde vamos a sacar a los pioneros? ¿Poniendo un anuncio? Muy bien, entonces pongamos un anuncio.

Mientras tanto, hay otro plan. Importemos misioneros estadounidenses de China y enviémoslos al campo de los linchamientos. Con 1.500 de ellos allá afuera convirtiendo a dos chinos por cabeza al año frente a una tasa de natalidad cuesta arriba de 33.000

44

paganos al día, les llevará más de un millón de años lograr que las conversiones equilibren la natalidad y que la cristianización del país sea visible a simple vista. En consecuencia, si podemos ofrecer a nuestros misioneros un campo tan rico en casa a menor costo y bastante satisfactorio en materia de peligro, ¿por qué no habrían de considerar justo y correcto regresar y darnos una oportunidad? Se concede universalmente que los chinos son gente excelente, honesta, honorable, trabajadora, digna de confianza, de buen corazón y todo eso. Déjenlos en paz, son bastante buenos tal como son y, además, casi cada converso corre el riesgo de contagiarse de nuestra civilización. Deberíamos tener cuidado. Deberíamos pensarlo dos veces antes de fomentar un riesgo así, porque, una vez civilizada, *China nunca podrá volver a ser incivilizada*. No hemos estado pensando en eso. Muy bien, deberíamos pensarlo ahora. Nuestros misioneros encontrarán que tenemos un campo para ellos y no solo para 1.500, sino para 15.011. Que miren el siguiente telegrama y vean si tienen algo en China que sea más apetecible. Es de Texas:

El negro fue llevado a un árbol y colgado. Se apiló leña y forraje bajo su cuerpo y se encendió un gran fuego. *Entonces se sugirió que el hombre no debía morir*

45

Linchamiento de Will James.

demasiado rápido y se le bajó al suelo mientras un grupo iba a Dexter, a unas dos millas de distancia, para conseguir queroseno. Este fue arrojado sobre las llamas y se completó la obra.

Les imploramos que regresen y nos ayuden en nuestra necesidad. El patriotismo les impone este deber. Nuestro país está peor que China. Ellos son nuestros compatriotas, su patria suplica su ayuda en esta su hora de profunda angustia. Ustedes son competentes, nuestra gente no lo es. Están acostumbrados a las burlas, los desprecios, los insultos, el peligro; nuestra gente, no. Tienen el espíritu de mártir; nada más que el espíritu de mártir puede desafiar a una turba de linchadores, intimidarla y dispersarla. Ustedes pueden salvar a su país, les rogamos que vuelvan a casa y lo hagan. Les pedimos que lean ese telegrama otra vez y, una vez más, e imaginen la escena en sus mentes y reflexionen sobre ella con sobriedad; luego multiplíquenla por 115, añadan 88; coloquen los 203 en una fila, dejando 200 metros de espacio para cada antorcha humana, de modo que haya sitio de observación alrededor para 5.000 hombres, mujeres y niños estadounidenses cristianos, jóvenes y doncellas; que sea de noche para un efecto macabro; que el espectáculo sea en una llanura que se eleve gradualmente y que el camino de las estacas sea cuesta arriba. El ojo podrá entonces abarcar la línea entera de treinta y ocho kilómetros de hogueras de sangre y carne sin interrupción, mientras que si ocupara un terreno nivelado, los extremos de la línea se curvarían hacia abajo y quedarían ocultos a la vista por la curvatura de la Tierra. Estando todo listo ya, la oscuridad opaca, el silencio impresionante —pues no debería haber más sonido que el suave gemido del viento nocturno y el sollozo ahogado de los sacrificios—, que todas las piras empapadas en queroseno se enciendan simultáneamente y el resplandor, los gritos y las agonías estallen hacia el cielo, hacia el Trono.

Hay más de un millón de personas presentes. La luz de las llamas perfila vagamente contra la noche las agujas de cinco mil iglesias. ¡Oh, bondadoso misionero, oh, compasivo misionero, deja China! ¡Vuelve a casa y convierte a estos cristianos!

Creo que si algo puede detener esta epidemia de locuras sangrientas son las personalidades marciales que pueden enfrentarse a las turbas sin pestañear. Y como tales personalidades se desarrollan solo mediante la familiaridad con el peligro y mediante el temple que proviene de resistirlo, el lugar más probable para encontrarlas debe ser entre los misioneros que han estado bajo instrucción en China durante

Caricatura de advertencia de que el KKK linchará a los sinvergüenzas y oportunistas, 1869.

el último año o dos. Tenemos abundancia de trabajo para ellos, y para cientos y miles más, y el campo crece y se extiende a diario. ¿Los encontraremos? Podemos intentarlo. Entre 75.000.000 debe de haber otros Merrills y Beloats, y es la ley de nuestra naturaleza que cada ejemplo despierte a los caballeros dormidos de esa misma gran orden y los traiga al frente.

Mark Twain, en 1867, por los hermanos Abdullah.

Índice

❄

Postal de un linchamiento en Duluth, 1920.

Este libro terminó de imprimirse el 17 de abril de 2026, el mismo día, pero de 1521, en que Martín Lutero compareció ante la Dieta de Worms, se negó a retractarse y fue excomulgado.